700

Friese Uitspraken
Voor dagelijks gebruik

www.learnfrisian.com

Voorwoord
Foarwurd

Neem dit boek mee naar Friesland, zoek een Fries en probeer de uitspraken in het boek toe te passen. Ga naar de inhoudsopgave, ga door de lijst en zoek het onderwerp waarover je meer informatie nodig hebt. Zoek de juiste pagina en vind de juiste uitspraak. De meeste hoofdstukken hebben een woordenlijst met woorden die je eventueel zou kunnen gebruiken. In het geval dat je de uitspraak niet kunt vinden, kun je proberen om een uitspraak te zoeken die erop lijkt of opnieuw naar de inhoudsopgave te gaan om naar de een hoofdstuk te gaan die misschien jouw uitspraak wel heeft.

Veel geluk!
Folle lok!

Inhoudsopgave

Sociaal gesprek	10	Gezondheid & ziekte	50
Jezelf	13	Hotel	53
Maak jezelf verstaanbaar	14	Huis	55
Algemene Uitspraken	16	Kapper	58
		Kerk	59
Alledaagse dingen	18	Kleuren	61
Amusement	21	Landen & Talen	62
Apotheek	23	Lichaam	65
Autoverhuur	24	Maanden	68
Baan/Beroep	26	Nummers	69
Bezienswaardigheden	29	Reizen	71
Boekwinkel	31	Restaurant	75
Boot	32	Seizoenen & weer	80
Bus	33	Sporten	82
Café	34	Tandarts	84
Dagen van de week	35	Taxi	85
Dieren	37	Telefoon	86
Douane	39	Trein	88
Familie	41	Uiterlijk	89
Flirten	43	Verkeer	91
Fruit	46	Vliegtuig	92
Geld	47	Vloeken	94
Gevoelens	49	Winkelen	96

Over het Fries
Oer it Frysk

De Friese taal wordt al een tijdje gesproken, namelijk al voor dat de Nederlandse taal bestond en heeft sindsdien veel veranderingen meegemaakt. Dit komt bijvoorbeeld door de invloeden vanuit de Nederlandse taal. Woorden zoals **'the'**, **'and'** en **'jes'** worden vandaag de dag geschreven en uitgesproken als de Nederlandse 'de', 'en' & 'ja'.

Ondanks deze veranderingen weet de Friese taal zich nog altijd te onderscheiden van het Nederlands. De Friese taal is een taal die nu tussen het Engels en het Nederlands in staat. Veel Friese woorden komen overeen met Engelse woorden, terwijl hiervoor in het Nederlands geheel andere woorden worden gebruikt. Voorbeelden van dit soorten woorden zijn: 'tegearre', 'tsiis', 'kaai', 'wrâld', 'bolle', 'tink', 'skiep', 'dei' & 'rein'. In het Nederlands 'samen', 'kaas', 'sleutel', 'denk', 'schaap', 'dag' & 'regen'. Daarnaast heeft het Fries ook overeenkomsten met het Duits, zoals 'dû hast', 'wichtich', 'fleis' en nog veel meer.

Tot slot, heeft het Fries ook nog Scandinavische karaktereigenschappen, zoals de 'sk' die je aan het eind van veel woorden ziet.

Hoe moet je het zeggen
Hoe moatst it sizze

Om een goed beeld van de uitspraken in het Fries te krijgen zijn er bepaalde klanken naast het Engels gezet. Dit is met de reden dat veel Friese klanken niet in het Nederlands voorkomen.

'â'	'aw'	als in 'Dawn'
'a'	'o'	als in 'Dot'

*Vaak wordt de Friese 'a' als een 'o' uitgesproken, net zoals in het Engels. Woorden zoals 'garden' en 'yard'. Friese woorden die (bijna) hetzelfde geschreven zijn als Nederlandse woorden kun je er vaak van uitgaan dat je het met een 'o' moet uitspreken. Zoals: 'dat' en 'fan'.

'ê'	'he'	als in 'Where'
'g'	'g'	als in 'Girl'
'i'/'y'	'e'	als in 'He, She, We'
'û'	'o'	als in 'Two'
'oe'	'oo'	als in 'Good'

*Dus niet als de Nederlandse 'oe', de klank is langer in het Fries.

'ie'/'ii'	'ea'	als in 'Leader'
'oa'	'or'	als in 'Bore'
'ea'	'ea'	als in 'Bear'
'iuw'	Is als je in het Nederlands 'iew' zegt, van iets vies.	

Je kunt ervan gaan dat de andere letters in het Friese ruwweg hetzelfde zijn.

Het dakje die je ziet op de â, ô, ê maken de klank van a, o, e langer, dat is niet altijd het geval met 'û'.

Hier en daar staat de 'ruwe uitspraak' van het Friese woord tussen haakjes aangegeven.

Sociaal gesprek
Sosjaal petear

Goeie dei.
Goedendag.

A goeie.
Hallo/Hoi.

Hoi.
Hallo/Hoi.

Goeie jûn.
Goedenavond.

Goeie middei.
Goedenmiddag.

Goeie moarn.
Goedenmorgen.

Oant moarn!
Tot morgen!

Sjoddy letter!
Zie je later!

Hoe is it?
Hoe gaat het?

Hoe is it mei dy?
Hoe gaat het met jou?

Goed om dy te moetsjen. ('lange oe')
Aangenaam kennis te maken.

Tige nei it sin yn it wolnimmen.
Aangenaam kennis te maken.

Mei my is it goed. ('lange oe')
Met mij gaat het goed.

Tige tank.
Hartelijk dank/Heel erg bedankt.

Tankewol.
Dankjewel.

Sjoch ris oan.
Kijk eens aan.

Asjebleaft.
Alsjeblieft.

(H)wat giestû dwaan jûn?
Wat ga je vanavond doen?

Kin ik dyn nûmer krije?
Mag ik jouw nummer?

(H)wannear sjoch ik dy wer?
Wanneer zie ik jou weer?

Hoe wie dyn dei?
Hoe was jouw dag?

Myn dei wie goed. ('lange oe')
Mijn dag was goed.

Lokwinske!
Gefeliciteerd!

Hastû al plannen? ('ol') ('plonnen')
Heb jij al plannen?

Hoe fielst dy?
Hoe voel jij je?

Wolkom!
Welkom!

Graach dien.
Graag gedaan.

Jawis.
Jazeker.

Wêr wennestû?
Waar woon je?

Wês dúdlik.
Wees duidelijk.

Ik leauw dy net.
Ik geloof je niet.

Ik leauw dy.
Ik geloof je.

Noflik waar, net?
Mooi weer, niet?

Jezelf
Dysels

Myn namme is (namme).   **Ik hjit (namme).**
Mijn naam is (naam).   Ik heet (naam).

Ik bin Amerikaansk/Ingelsk/Frysk/Dútsk/Nederlânsk.
Ik ben Amerikaans/Engels/Fries/Duits/Nederlands.

Ik kom út Amearika/Ingelân/Fryslân.
Ik kom uit Amerika/Engeland/Friesland.

Ik bin tweintich/tritich/fyftich jier âld.
Ik ben twintig/dertig/vijftig jaar oud.

Ik doch de oplieding (stúdzje).   **Ik studearje foar (stúdzje)**
Ik doe de opleiding (studie)..   Ik studeer voor (study).

Ik bin studint.
Ik ben student.

Ik haw in bedriuw.
Ik heb een bedrijf.

Ik wurkje by de supermerke/bakker/garaazje/restaurant.
Ik werk bij de supermarkt/bakker/garage/restaurant.

Ik bin ûnderweis nei hûs/skoalle/it wurk.
Ik ben onderweg naar huis/school/het werk.

Ik wenje yn (plaknamme).
Ik woon in (naam plaats).

Ik haw it kâld/waarm.
Ik heb het koud/warm.

Ik bin troud/skieden.
Ik ben getrouwd/gescheiden.

Ik wenje yn in doarp/stêd.
Ik woon in een dorp/stad.

Ik hâld fan fuotbal/reizgje/iten/talen/winkelje.
Ik hou van voetbal/reizen/eten/talen/winkelen.

Maak jezelf verstaanbaar
Meitsje dysels fersteanber

Sprekstû Frysk/Ingelsk/Nederlânsk?
Spreek jij Fries/Engels/Nederlands?

Wa sprekt hjir Ingelsk/Frysk/Nederlânsk/Dútsk?
Wie spreekt hier Engels/Fries/Nederlands/Duits?

Kinstû Ingelsk/Frysk ferstean?
Kun jij Engels/Fries verstaan?

Ik kin allinnich Ingelsk/Frysk lêze.
Ik kan alleen Engels/Fries lezen.

Ik sprek in bytsje Ingelsk/Frysk.
Ik spreek een beetje Engels/Fries.

Kinstû in bytsje stadiger prate?
Kun jij een beetje langzamer spreken?

Kinstû in bytsje lûder prate?
Kun jij een beetje luider spreken?

Ik ferstean dy net.   **Ik begryp dy net.**
Ik versta jou niet.   Ik begrijp jou niet.

Ik kin dy net hearre.
Ik kan jou niet horen.

Ik wit it net.
Ik weet het niet.

Kinstû it werhelje?   **Kinstû it nochris sizze?**
Kun jij het herhalen?   Kun jij het nog eens zeggen?

(H)wat betsjut dat?
Wat betekent dat?

Kinst it foar my opskriuwe?
Kun jij het voor mij opschrijven?

(H)wat betsjut dit wurd?
Wat betekent dit woord?

Kinst it foar my lêze?
Kun jij het voor mij lezen?

Algemene Uitspraken
Algemiene útspraken

Ja. **Nee.** **Faaks/Miskien.**
Ja.   Nee.   Misschien.

Stjerrende wier?
Echt waar?

Tsjoch!
Proost!

Bêst genôch!
Prima!

Wa bistû?
Wie ben jij?

Wa is dat jonkje/famke/man/frou?
Wie is die jongen/meisje/man/vrouw?

Wêr bistû?
Waar ben jij?

Wêr komstû wei?
Waar kom jij vandaan?

Kom hjirre.
Kom hier.

Wachtsje efkes. ('watsje')
Wacht even.

Tink derom!
Pas op!

No net.
Nu niet.

Harkje/Lústerje nei my.
Luister naar me.

Ik tink it net.
Ik denk het niet.

Kinstû my helpe?
Kun jij mij helpen?

Ik sykje myn freonen.
Ik zoek mijn vrienden.

Kinstû it my fertelle?
Kun jij het mij vertellen?

Haw in noflike dei.
Een fijne dag.

Blikstiender! ('blikstjinder')
Verdomme/Wauw!

Avensearje!
Opschieten!

Alledaagse dingen
Deiske dingen

Mei ik dyn boek/skjirre/hammer/pinne liene?
Mag ik jouw boek/schaar/hamer/pen lenen?

Mei ik dyn boek/skjirre/hammer/pinne brûke?
Mag ik jouw boek/schaar/hamer/pen gebruiken?

Hoe wurket dit spultsje/dizze ôfstânsbetsjinning?
Hoe werkt dit spelletje/deze afstandbediening?

Mei ik dy foto sjen?
Mag ik die foto zien?

Hastû in pinne/mês/seage/kaai/tried foar my?
Heb jij een pen/mes/zaag/sleutel/draad voor mij?

De telefyzje/kofjesetapparaat docht it net mear.
De televisie/koffiesetapparaat doet het niet meer.

Hastû myn skuon/rêchsek/skroevedraaier?
Heb jij mijn schoenen/rugtas/schroevendraaier?

Ik fyn it in kreaze tillefoan/doar/horloazje/blom.
Ik vind het een mooie telefoon/deur/horloge/bloem.

Ik wol myn boek/klok/wein/fyts ferkeapje.
Ik wil mijn boek/klok/auto/fiets verkopen.

Panne ('ponne')	Pan
Board/Panne	Bord
Glês	Glas
Kaai	Sleutel
Telefyzje	Televisie
Kears	Kaars
Skjirre	Schaar
Pinne	Pen
Finster/Rút	Raam/Ruit
Leppel	Lepel
Foarke	Vork
Mês	Mes
Ark	Bestek/Gereedschap
Seage	Zaag
Tsjettel	Ketel
Kleanhinger	Kleerhanger
Hammer	Hamer
Tillefoan	Telefoon
Stoel	Stoel
Stuollen	Stoelen
Wekker	Wekker
Skoech	Schoen
Skuon	Schoenen
Doarbel	Deurbel
Klean	Kleren/Kleding
Jitter	Gieter
Horloazje	Horloge
Koptillefoan	Hoofdtelefoon
Poatlead	Potlood
Rêchsek	Rugtas
Jild/Sinten	Geld/Centen
Skerm	Scherm

Tou	Touw
Tried	Draad
Balle/Bal ('bolle)	Ball
Skilderij	Schilderij
Spultsje	Spelletje
Fyts	Fiets
Tydskrift	Tijdschrift
Hout	Hout
Spiker	Spijker
Skroef	Schroef
Plaster	Pleister
Amer	Emmer
Bak	Bak
Jiskefet	Afvalbak/Vuilnisbak
Ôfstânsbetsjinning	Afstandsbediening
Peal	Paal
Stien	Steen
Hikke	Hek
Izer	IJzer
Wente	Woning
Keamer	Kamer
Foto	Foto
Ôfbylding/Ôfmieling	Afbeelding
Blom	Bloem
Boerd	Bord
Lekken	Laken
Kessen	Kussen
Tekken	Deken
Treppe	Trap
Ljedder	Ladder
Fideo	Video
Skuorre	Schuur

Hûs	Huis
(Lúkse)wein	Auto/Wagen
Frachtwein	Vrachtwagen
Wei	Weg
Gebou	Gebouw
Strjitte	Straat
Mikrofoan	Microfoon
Doaze	Doos
Ponge/Beurs	Portemonnee/Portefeuille
Medisyn	Medicijn
Flesse	Fles
Sied	Zaad
Hoed	Hoed
Ring	Ring
Ferwe	Verf

Amusement
Ferdivedaasje

Ik wol nei it konsert fan (namme artyst)
Ik wil naar het concert van (naam artiest).

Sille wy nei de bioskoop?
Zullen wij naar de bioscoop?

Wy sille freed nei de bioskoop.
Wij zullen vrijdag naar de bioscoop.

Sy wol nei it teater.
Zij wil naar het theater.

Is der jûn in goeie foarstelling?
Is er vanavond een goede voorstelling?

Dizze nachtklub is oant let iepen.
Deze nachtclub is tot laat open.

Mei ik mei dy dûnsje?
Mag ik met jou dansen?

Wêr kinne wy dûnsje?
Waar kunnen wij dansen?

Wa sil der hjoed sjonge?
Wie zal er vandaag zingen?

Kenstû dizze sjonger?
Ken jij deze zinger?

Ik fyn it in goeie/minne artyst.
Ik vind het een goede/slechte artiest.

Hy/sy hat goeie/minne muzyk.
Hij/Zij heeft goede/slechte muziek.

Sille wy nei it strân gean?
Zullen wij naar het strand gaan?

Teater	Theater
Foarstelling	Voorstelling
Bioskoop	Bioscoop
Klub	Club
Konsert	Concert

Artyst   Artiest
Sjonger   Zinger
Ferske   Lied
Muzyk   Muziek
Strân   Strand

Apotheek
Apteek

Is hjir earne in apteek dêr't sy Ingelsk sprekke?
Is hier ergens een apotheek waar zij Engels spreken?

Hawwe ik hjir in foarskrift/resept foar nedich?
Heb ik hier een recept voor nodig?

Wêr is dizze salve goed foar? ('solve')
Waar is deze zalf goed voor?

Ik kom myn medisyn ophelje.
Ik kom mijn medicijn ophalen.

Hokfoar medisyn haw ik nedich?
Wat voor medicijn heb ik nodig?

Kin ik hjir toskeguod keapje?
Kan ik hier tandpasta kopen?

Hawwe jim paracetamol?
Hebben jullie paracetamol?

23

Hoe folle moat ik der opsmarre?
Hoeveel moet ik er opsmeren?

Oant hoe let binne jim iepen?
Tot hoelaat zijn jullie open?

Hawwe jo eat foar pine holle?
Hebben jullie iets voor hoofdpijn?

Toskeguod	Tandpasta
Smarre	Smeren
Medisyn	Medicijn
Salve ('solve')	Zalf
Foarskrift/Resept	Recept

Autoverhuur
Autoferhier

Wêr kin ik in auto/wein hiere?
Waar kan ik een auto huren?

Hoe folle kostet it eltse dei?
Hoeveel kost het per dag?

Rydt de auto/wein op diesel of benzine?
Rijdt de auto op diesel of benzine?

Hokfoar auto/wein is it?
Wat voor auto is het?

Hoe folle kilometers meie/kinne wy ride?
Hoeveel kilometers mogen/kunnen wij rijden?

Foar hoe lang hawwe wy in auto/wein nedich?
Voor hoelang hebben wij een auto nodig?

Hawwe wy ek in fersikering?
Hebben wij ook een verzekering?

(H)wat bart der as de auto/wein skea hat?
Wat gebeurd er als de auto schade heeft?

Wy moatte de auto tsjekke/kontrolearje op skea.
Wij moeten de controleren op schade.

Hastû myn rydbewiis nedich?
Heb jij mijn rijbewijs nodig?

(H)wat is it nûmer fan de autoferhier/garaazje?
Wat is het nummer van de autoverhuur/garage?

Wêr is it tankstasjon?
Waar is het tankstation?

De tank is (hast/benei) leech/fol.
De tank is (bijna) leeg/vol.

Kin ik hjir parkearre?
Kan ik hier parkeren?

Baan/Beroep
Berop/Wurk

(H)wat foar berop hastû?
Wat voor baan heb jij?

Fynstû dyn wurk noflik?
Vind jij jouw baan fijn?

(H)wat is dyn dreamwurk?
Wat is jouw droombaan?

Hoe is de sfear op dyn wurk?
Hoe is de sfeer op jouw werk?

Hoe folle fertsjinnestû?
Hoeveel verdien jij

Hastû it drok?
Heb jij het druk?

Moatstû yn it wykein wurkje?
Moet jij in het weekend werken?

Bistû op syk nei wurk?
Ben jij op zoek naar werk?

Is dyn wurk gefaarlik?
Is jouw werk gevaarlijk?

Wêr wurkestû?
Waar werk jij?

Ik bin dokter/ûndernimmer/dosint/skilder.
Ik ben dokter/ondernemer/leraar/schilder.

Meistû oer dyn baas?
Mag jij je baas?

Hoe folle dagen/oeren wurkestû yn de wike?
Hoeveel dagen/uren werk jij in de week?

Fynstû dyn wurkplak noflik?
Vind jij jouw werkplaats fijn?

Ik fyn myn wurkplak saai/noflik.
Ik vind mijn werkplaats saai/fijn.

Hoe grut is dyn bedriuw?
Hoe groot is jouw bedrijf?

Hoe lang wurkestû hjir?
Hoelang werk jij hier?

Ûnderwizer/Dosint	Leraar/Docent
Dokter	Dokter
Toskedokter	Tandarts
Bistedokter	Dierenarts
Boekhâlder	Boekhouder
Ferpleechkundige	Verpleegkundige
Agint	Politieman

Plysje	Police
Hierknipper	Kapper
Toanielspiler/Akteur	Toneelspeler/Akteur
Sjef	Chef
Baas	Baas
Wurker	Werker
Servearster	Serveerster
Ûndernimmer	Ondernemmer
Resepsjonist	Receptionist
Leadjitter	Loodgieter
Skriuwer	Schrijver
Sjauffeur	Chauffeur
Túnman	Tuinman
Soldaat	Soldaat
Brânwachtman	Brandweerman
Boer	Boer
Skilder	Schilder
Bouwer	Bouwer
Sjirurch	Chirurg
Arsjitekt	Architect
Timmerman ('timmermon')	Timmerman
Húsfrou/Húswiif	Huisvrouw
Bakker	Bakker
Wittenskipper	Wetenschapper
Sjonger	Zinger
Bedriuw	Bedrijf
Wurkplak	Werkplaats
Tsjinst	Dienst
Oerwurkje	Overwerken
Tiim	Team
Groep	Groep
Projekt	Project

Bezienswaardigheden
Nijsgjirrichheden

Wy hawwe immen nedich dy't Ingelsk sprekt.
Wij hebben iemand nodig die Engels spreekt.

Hoe folle kostet it oere?
Hoeveel kost het per uur?

Ik wol âlde gebouwen sjen.
Ik wil oude gebouwen zien.

Dêr hinget in kreas skilderij.
Daar hangt een mooi schilderij.

Fanôf hjir hast in kreas útsicht.
Vanaf hier heb je een mooi uitzicht.

Sille wy by dizze toer sjen?
Zullen wij bij deze toren kijken?

Dat is in âld kastiel. ('dot')
Dat is een oud kasteel.

Is dizze (attraksje) iepen?
Is deze (attractie) open?

Ik fyn it museum saai/noflik/nijsgjirrich.
Ik vind het museum saai/fijn/interessant.

(H)wannear giet it iepen?
Wannear gaat het open?

Wêr is de yngong?
Waar is de ingang?

Wêr is de útgong?
Waar is de uitgang?

Ik wol by it monumint sjen.
Ik wil bij het monument kijken.

Brêge	Brug
Toer	Toren
Kastiel	Kasteel
Gebou	Gebouw
Skilderij	Schilderij
Rûte	Route
Lânskip	Landschap
Monumint	Monument
Stânbyld	Standbeeld
Âld	Old
Nijsgjirrich	Interessant/Nieuwsgierig
Yngong	Ingang
Útgong	Uitgang
Iepen	Open
Ticht	Dicht

Boekenwinkel
Boekwinkel

Ik haw papier/in pinne/in boek nedich.
Ik heb papier/een pen/een boek nodig.

Ik sykje in Frysk wurdboek.
Ik zoek een Fries woordenboek.

Wêr lizze de berne boeken?
Waar liggen de kinderboeken?

Hokker boeken binne it meast ferkocht/ferkoft?
Welke boeken zijn het meest verkocht?

Hoe djoer is it boek?
Hoe duur is het boek?

Hawwe jim de krante fan hjoed ek? ('kronte')
Hebben jullie de krant van vandaag ook?

Romantyske boeken	Romantische boeken
Horrorboeken	Horrorboeken
Adventoerlike boeken	Avontuurlijke boeken
Skiednisboeken	Geschiedenisboeken
Skoalleboeken	Schoolboeken
Sportboeken	Sportboeken
Puzelboeken	Puzzelboeken
Oarlochsboeken	Oorlogsboeken
Berneboeken	Kinderboeken
Tydskrift	Tijdschrift

Boot
Boat

Hoe komme wy op de boat?   **Troch dizze poart.**
Hoe komen wij op de boot?   Door deze poort.

Hokker boat moatte wy hawwe?   **De wite boat.**
Welke boot moeten wij nemen?   De witte boot.

Dizze boat.   **De grutte/lytse boat.**
Deze boot.   De grote/kleine boot.

Bistû seesiik?   **Ja, ik moat hast spuie.**
Ben jij zeeziek?   Ja, ik moet bijna overgeven.

Nee, ik fiel my goed.   **It moat net langer duorje.**
nee, ik voel me goed.   Het moet niet langer duren.

Kinne wy iten keapje op de boat?
Kunnen wij eten kopen op de boot?

Kinne wy alkohol drinke op de boat?
Kunnen wij alcohol drinken op de boot?

Wêr moatte wy sitte? ('matte')
Waar moeten wij zitten?

Bus
Bus

By hokker bushalte moatte wy derút? ('matte')
Bij welke bushalte moeten wij eruit?

Hoe let komt bus trettjin?
Hoelaat komt bus dertien?

De bus sit hielendal fol. ('hielendol')
De bus zit helemaal vol.

Fynst it goed dat ik hjir sit? ('lange oe')
Vind jij het goed dat ik hier zit?

Kinstû foar my op de (reade) knop drukke?
Kun jij voor mij op de (rode) knop drukken?

Jawol, dat kin wol. ('dot')
Jawel, dat kan wel.

Hoe folle kostet in kaartsje nei Ljouwert?
Hoeveel kost een kaartje naar Leeuwarden?

It kostet fiif euro.
Het kost vijf euro.

Moat ik hjir derút?	**Hjir moat ik derút.**
Moet ik hier eruit?	Hier moet ik eruit.

Komt dizze bus by de Fûgelstrjitte del?
Komt deze bus bij de Vogelstraat langs?

Moat ik in kear fan bus wikselje? ('fon')
Moat ik een keer van bus wisselen?

Kinne jo my fertelle hokker bus ik nimme moat?
Kunt u mij vertellen welke bus ik moet nemen?

Café
Kafee

Mei ik in bierke?
Mag ik een biertje?

Doch mar twa bier.
Doe maar twee bier.

Soe ik wol trije bier haw meie?
Zou ik wel drie bier mogen hebben?

Kin ik swarte kofje krije?
Kan ik zwarte koffie krijgen?

Sûnder sûker graach.
Zonder suiker alsjeblieft.

Kin ik molke by de kofje krije?
Kan ik melk bij de koffie krijgen?

Hawwe jim in tafel foar fjouwer beskikber?
Hebben jullie een taal voor vier beschikbaar?

Sy wol wetter hawwe.
Zij wil water hebben.

Kin ik dizze stoel brûke? ('lange oe')
Kan ik deze stoel gebruiken?

Brûke jim dizze stoel? ('lange oe')
Gebruiken jullie deze stoel?

Dy man dêr is dronken.
Die man daar is dronken.

It bier smakket goed. ('lange oe')
Het bier smaakt goed.

Ik haw wol nocht oan reade/wite wyn.
Ik heb wel zin aan rode/witte wijn.

Dagen van de week
Dagen fan de wike

Woansdei bin ik frij fan skoalle/wurk.
Woensdag ben ik vrij van school/werk.

Sille wy tiisdei ôfsprekke?
Zullen wij dinsdag afspreken?

Sneon/Saterdei moat ik wurkje. ('mat')
Zaterdag moet ik werken.

Hastû al plannen foar it wykein? ('plonnen')
Heb jij al plannen voor het weekend?

Ik haw it wykein neat.
Ik heb dit weekend niets.

Kin ik dy moandei sjen?
Kan ik jou maandag zien?

It duorret in wike.
Het duurt een week.

Ik sjoch dy tongersdei wer.
Ik zie jou donderdag weer.

Freed is de lêste dei.
Vrijdag is de laatste dag.

Hokker dei komt dy goed út? ('lange oe')
Welke dag komt jou goed uit?

Ik kin snein net.
Ik kan zondag niet.

Moandei	Maandag
Tiisdei	Dinsdag
Woansdei	Woensdag
Tongersdei	Donderdag

Freed	Vrijdag
Sneon/Saterdei	Zaterdag
Snein	Zondag
Wike	Week
Wykein	Weekend
Dei	Dag
Dagen (komt uit het Oud-Fries)	Dagen

Dieren
Bisten

Byt dy hûn fan dy? ('fon')
Bijt die hond van jou?

Kin ik dyn hûn/kat aaie?
Kan ik jouw hond/kat aaien?

Hoe folle húsbisten hastû?
Hoeveel huisdieren heb jij?

Ik haw twa kninen thús.
Ik heb twee konijnen thuis.

Dû hast in leave hûn/kat/knyn. ('kot')
Jij hebt een lieve hond/kat/konijn.

Hawwe jim hjir wylde bisten?
Hebben jullie hier wilde beesten/dieren?

Myn hynder rint dêr.
Mijn paard loopt daar.

Wy seagen in wolf/fokse.
Wij zagen een wolf/vos.

Mei dyn hûn by my op de skoat sitte?
Mag jouw hond bij mij op de schoot zitten?

Hoe folle kij hawwe jo?
Hoeveel koeien heeft u?

Ik haw tritich skiep/bargen.
Ik heb dertig schapen/varkens.

Hastû piken?
Hebben jij kippen?

Hûn	Hond
Kat ('kot')	Kat
Knyn	Konijn
Kninen	Konijnen
Hamster	Hamster
Ko	Koe
Kij	Koeien
Skiep	Schaap/Schapen
Baarch	Varken
Bargen	Varkens
Fokse/Fûkse	Vos
Wolf	Wolf
Fisk	Vis
Pyk	Kip

Piken	Kippen
Hynder	Paard
Húsbist	Huisdier
Bear	Beer
Flinter	Vlinder
Dolfyn	Dolfijn
Walfisk	Walvis
Spin	Spin
Tiger	Tijger
Liuw	Leeuw
Oaljefant	Olifant
Aap	Aap
Slang	Slang
Do	Dijf
Earn	Arend
Earrebarre	Ooievaar
Strúsfûgel	Struisvogel

Douane
Dûane

Wêr is de dûane?
Waar is de douane?

Hjir is myn bagaazje.
Hier is mijn bagage.

Hastû in fersikering?
Heb jij een verzekering?

Nee, dy haw ik net.   **Ja, dy haw ik wol.**
Nee, die heb ik niet.   Ja, die heb ik wel.

Mei ik dyn paspoart sjen?
Mag ik jouw paspoort zien?

Wêr is dyn paspoart?   **Hjir is myn paspoart.**
Waar is jouw paspoort?   Hier is mijn paspoort.

Wêr binne dyn (dûane) papieren?
Waar zijn jouw (douane) papieren?

Hjir binne myn papieren.
Hier zijn mijn papieren.

Fan wa is dizze rêchsek?   **Dizze rêchsek is fan my.**
Van wie is deze rugtas?   Deze rugtas is van mij.

(H)wat hastû yn dizze koffer?
Wat heb jij in deze koffer?

Ik haw klean yn dizze koffer.
Ik heb kleren in deze koffer.

(H)wat bistû hjir fan plan?
Wat ben je hier van plan?

Ik bin hjir op fakânsje.   **Ik bin hjir foar wurk.**
Ik ben hier op vakantie.   Ik ben hier voor werk.

It binne geskinken.
Het zijn geschenken.

Mei ik yn dyn rêchsek sjen?
Mag ik in jouw rugtas kijken?

Jawol, sjoch mar.
Jawel, kijk maar.

Moat ik hjirfoar betelje?
Moat ik hiervoor betalen?

Is it nedich?
Is het nodig?

Familie
Famylje

Myn broer/sus is âlder as my. ('os')
Mijn broer/zus is ouder dan mij.

Ús heit/mem is (net) thús.
Mijn vader/moeder is (niet) thuis.

Hastû in dochter/soan?
Heb jij een dochter/zoon?

Hoe grut is dyn húshâlding?
Hoe groot is jouw gezin?

Hoe âld is dyn pake/beppe?
Hoe oud is jouw opa/oma?

Hastû noch in oerbeppe/oerpake?
Heb jij nog een overgrootmoeder/overgrootvader?

Myn broerke/suske narret my altyd. ('oltyd')
Mijn broertje/zusje plaagt mij altijd.

Hoe lang binne jim al troud/boaske?
Hoelang zijn jullie al getrouwd?

Dyn soan/dochter liket op dy.
Jouw zoon/dochter lijkt op jou.

Kinstû goed mei dyn omke/muoike opsjitte?
Kun jij het goed met jouw oom/tanke vinden?

Meistû oer dyn neefke/nichtsje?
Mag jij jouw neefje/nichtje?

Wa is dat wiif? (informeel)
Wie is dat wijf?

Myn sweager komt aanst del.
Mijn zwager komt straks langs.

Ik haw in leave beppe/pake.
Ik heb een lieve oma/opa.

Bern	Kind/Kinderen
Heit	Papa/Vader
Mem	Mama/Moeder
Man ('mon')	Man

Frou/Wiif	Vrouw/Wijf
Âlders	Ouders
Pake	Opa
Beppe	Oma
Soan	Zoon
Dochter	Dochter
Broer(ke)	Broer(tje)
Sus(ke)	Zus(je)
Omke	Oom
Muoike	Tante
Neef(ke)	Neef(je)
Nicht(tsje)	Nicht(je)
Skoanmem	Schoonmoeder
Skoanheit	Schoonvader
Skoanâlders	Schoonouders
Sweager	Zwager
Skoansuske	Schoonzus(je)
Oerbeppe	Overgrootmoeder
Oerpake	Overgrootvader
Húshâlding	Gezin
Bernsbern	Kleinkinderen
Pake-sizzer	Kleinzoon
Beppe-sizzer	Kleindochter

Flirten
Flirte

Ik hâld fan dy. **Ik ek fan dy.** ('fon')
Ik hou van jou.   Ik ook van jou.

Dû hast moaie/kreaze eagen.
Jij hebt mooie ogen.

Ik fyn dy leaf.
ik vind je lief.

Ik fyn dy skattich. ('skottich')
Ik vind je schattig.

Mei ik dy krûpe?
Mag ik jou knuffelen?

Dû makkest my bliid!
Jij maakt me blij!

Dû bist myn sinnestriel.
Jij bent mijn zonnestraal.

Ik fiel my fertrietich sûnder dy. ('lange ie')
Ik voel me verdrietig zonder jou.

Mei ik dyn hân fêsthâlde?
Mag ik jouw hand vasthouden?

Kin ik dy folgje? Mem sei dat ik myn dreamen folgje moast.
Kan ik jou volgen? Mama zei dat ik mijn dromen moest volgen.

Ik fyn dy nijsgjirrich.
Ik vind jou interessant.

Dû litst myn hert flugger slaan. ('list')
Jij laat mijn hart sneller slaan.

Dû sjochst der goed út! ('lange oe')
Jij ziet er goed uit!

Ik krij it waarm fan dy.
Ik krijg het warm van jou.

Dû bist de leafde fan myn libben.
Jij bent de liefde van mijn leven.

Wolstû myn faam/feint wêze?
Wil jij mijn vriendin/vriendje zijn?

Dû bist myn faam/feint.
Jij bent mijn vriendin/vriendje.

Wolstû mei my trouwe/boaskje?
Wil jij met mij trouwen?

Ik haw dreamd oer dy.
Ik heb gedroomd over jou.

Mei ik dy tútsje?
Mag ik jou kussen?

Mei ik in tútsje?
Mag ik een kus?

Ik kin net sûnder dy.
Ik kan niet zonder jou.

Wolstû foar altyd by my bliuwe? ('oltyd')
Wil jij voor altijd bij mij blijven?

Ik gean foar dy troch it fjoer.
Ik ga voor jou door het vuur.

Kinstû by my bliuwe?
Kun jij mij mij blijven?

Wolstû ris mei my ôfprate?
Wil jij eens met mij afspreken?

Fruit
Fruit

Mei ik in apel/par/banaan hawwe?
Mag ik een appel/peer/banaan hebben?

Ik fyn ierdbeien/parren/druven swiet.
Ik vind aardbeien/peren/druiven zoet.

Kinstû my in sitroen jaan?
Kun jij me een citroen geven?

De apel is swiet/soer.
De appel is zoet/zuur.

De sineappel is soer.
De sinaasappel is zuur.

Fruit is sûn.
Fruit is gezond.

Meloenen binne goed foar dy. ('lange oe')
Meloenen zijn goed voor jou.

Hjir sitte in protte fitamines yn.
It has a lot of vitamins.

Ierdbei	Aardbei
Drúf	Druif
Druven	Druiven
Prûm	Pruim
Sineappel	Sinaasappel
Bei	Bes
Sitroen	Citroen
Par	Peer
Toarnbei	Braambes
Framboas	Framboos

Geld
Jild

Wêr kin ik myn sinten wikselje?
Waar kan ik mijn centen wisselen?

Hoe folle sinten wolstû opnimme?
Hoeveel geld wil jij opnemen?

Hokker bank is it tichtste by?
Welke bank is het dichtste bij

Hastû in bankautomaat sjoen?
Heb jij een bankautomaat gezien?

Hoe folle jild hastû by dy?
Hoeveel geld heb jij bij je?

Hastû kontant jild by dy?
Heb jij contant geld bij je?

Hastû tsien/fyftjin euro?
Heb jij tien/vijftien euro?

Hastû myn ponge/beurs sjoen?
Heb jij mijn portemonnee/portefeuille gezien?

It kostet fjirtich euro.
Het kost veertig euro.

(H)wat is de priis?
Wat is de prijs?

It is djoer/goedkeap.
Het is duur/goedkoop.

Kontant	Contant
Jild	Geld
Sinten	Centen
Bank	Bank
Bankautomaat	Bankautomaat
Wikselje	Wisselen

Pinpas ('pinpos')	Pinpas
Ponge/Beurs	Portemonnee/Portefeuille
Euro	Euro
Dollar	Dollar
Priis	Prijs
Djoer	Duur
Goedkeap	Goedkoop

Gevoelens
Gefoelens

Ik fiel my hjoed fertrietich/bliid.
Ik voel mij vandaag verdrietig/blij.

Myn hert is brutsen.
Mijn hart is gebroken.

Ik fiel my lokkich.
Ik voel me gelukkig.

Ik moatst sa bot laitsje.
Ik moest zo hard lachen.

Ik haw toarst/hûnger.
Ik heb dorst/honger.

Ik moat hast gûle.
Ik moet bijna huilen.

Ik skamje my.
Ik schaam me.

Ik bin (sa) lilk op him/har. ('lulk')
Ik ben (zo) boos op hem/haar.

Ik bin benaud.
Ik ben bang.

Bistû bliid/lilk?
Ben jij blij/boos?

Ik haw dy leaf.   **Ik hâld fan dy.**
Ik heb je lief.   Ik hou van jou.

It docht my sear.
Het doet mij pijn.

Ik fyn him/har moedich. ('lange oe')
Ik vind hem/haar moedig.

Ik jou om dy.
Ik geef om jou.

Ik fiel my sa nuver.
Ik voel me zo raar.

Gezond & ziekte
Sûnens & sykte

Is de dokter hjirre?
Is de dokter hier?

Wa/Wêr is de dokter?
Wie/Waar is de dokter?

Ik bin al fjouwer/fiif/seis/sân dagen siik.
Ik ben al vier/vijf/zes/zeven dagen ziek.

Ik haw pine holle.
Ik heb hoofdpijn.

Ik bin ferkâlden.
Ik ben verkouden.

Ik haw lêst fan myn rêch/foet/nekke/skouder/knibbel.
Ik heb last van mijn rug/voet/nek/schouder/knie.

Myn mage/nekke/skouder/kiel docht sear.
Mijn maag/nek/schouder/keel doet pijn.

Hawwe jo hjir eat foar?
Heeft u hier iets voor?

Ik tink dat ik koarts haw. ('dat')
Ik denk dat ik koorts heb.

Ik fiel my net sa goed. ('lange oe')
Ik viel me niet zo goed.

Ik kin net sa goed sliepe. ('lange oe')
Ik kan niet zo goed slapen.

Ik bin de hiele dei warch/wurch.
Ik ben de hele dag moe.

Wêr is it medisyn foar?
Waar is het medicijn voor?

Moat ik thús bliuwe? ('mat')
Moet ik thuis blijven?

Ik tink dat myn skonk/earm brutsen is.
Ik denk dat mijn been/arm gebroken is.

Haw ik koroana?
Heb ik corona?

Ik bin hurd op de grûn fallen. ('follen')
Ik ben hard op de grond gevallen.

Ik haw in ôfspraak mei dokter (namme).
Ik heb een afspraak met dokter (naam).

Ik bin siik.
Ik ben ziek.

Kom net ticht by my!
Kom niet dicht bij mij!

Betterskip!
Beterschap!

Hastû in ynfeksje krigen?
Heb jij een infectie gekregen?

Ik haw in sykte.
Ik heb een ziekte.

Hy hat de gryp.
Hij heeft de griep.

Ik fiel my mislik.
Ik voel me misselijk.

Ynfeksje	Infectie
Sykte	Ziekte
Koroana	Corona
Ôfspraak	Afspraak
Gryp	Griep
Medisyn	Medicijn
Koarts	Koorts
Siik	Ziek
Ferkâlden	Verkouden

Hotel
Hotel

Ik sykje in (goedkeap) hotel. ('lange oe')
Ik zoek een (goedkoop) hotel.

Ik fyn it hotel djoer.
Ik vind het hotel duur.

Hawwe jim in keamer beskikber foar ús?
Hebben jullie een kamer voor ons beschikbaar?

Is it hotel yn it sintrum?
Zit het hotel in het centrum?

Ús hotel sit op de hoeke.
Ons hotel zit op de hoek.

Hawwe wy in dûbelbêd yn ús keamer?
Hebben wij een dubbelbed in onze kamer?

Hawwe wy in goed útsicht (yn ús keamer)?
Hebben wij een goed uitzicht (in onze kamer)?

Hawwe wy in balkon?
Hebben wij een balkon?

Ik wol net in hotel njonken in drokke wei.
Ik wil niet een hotel naast een drukke weg.

Ik wol net yn it sintrum fan it doarp/stêd wêze.
Ik wil niet in het centrum van het dorp/stad zijn.

Wy moatte in keamer reservearje.
Wy moeten een kamer reserveren.

Hoe folle nachten wolstû bliuwe?
Hoeveel nachten wil jij blijven?

Ik wol fiif nachten bliuwe.
Ik wil vijf nachten blijven.

Yn hokker hotel ferbliuwstû?
In welk hotel verblijf jij?

Hawwe wy der ek moarnsiten by?
Hebben wij er ontbijt bij?

Om âlve oere moatte wy hjir wêze foar it moarnsiten.
Om elf uur moeten wij hier zijn voor het ontbijt.

Wêr is de kaai fan ús keamer?
Waar is de sleutel van onze kamer?

Hjir is de kaai fan de keamer. ('fon')
Hier is de sleutel van de kamer.

Hokker keamernûmer hawwe wy?
Welk kamernummer hebben wij?

Op hokker ferdjipping is ús keamer?
Op welke verdieping is onze kamer?

Huis
Hûs

De wein/fyts stiet yn de garaazje. ('stjit')
De auto/fiets staat in de garage.

Sille wy op de bank sitte?
Zullen wij op de bank zitten?

Ik moat eat fan souder helje.
Ik moet iets van de zolder halen.

Dêr stiet ien by de foardoar. ('stjit')
Daar staat iemand bij de voordeur.

Wêr is dyn sliepkeamer?
Waar is jouw slaapkamer?

Wêr is it húske/de WC?
Waar is de WC?

Sil ik de lampe oandwaan?
Zal ik de lamp aandoen?

Sliepstû boppe of ûnder?
Slaap jij boven of onder?

Jim hawwe in moaie keuken/badkeamer/wenkeamer.
Jullie hebben een mooie keuken/badkamer/woonkamer.

Dêr is de keuken/badkeamer/wenkeamer/gong.
Daar is de keuken/badkamer/woonkamer/gang.

Wêr wolstû ite?
Waar wil jij eten?

Ik wol yn de wenkeamer/keuken/op it balkon ite.
Ik wil in de woonkamer/keuken/op het balkon eten.

Der stiet (kâld) bier/wyn yn de kuolkast. ('stjit')
Er staat (koud) bier/wyn in de koelkast.

Garaazje	Garage
Ûnder	Beneden
Boppe	Boven
Souder	Zolder

Treppe	Trap
Gong	Hal/Gang
Doar	Deur
Foardoar	Voordeur
Efterdoar	Achterdeur
Waskmasine	Wasmachine
Drûger	Droger
Kuolkast ('kuolkost')	Koelkast
Friezer	Friezer
Finster/Rút	Raam/Ruit
Sliepkeamer	Slaapkamer
Badkeamer	Badkamer
Buro	Bureau
Tafel	Tafel
Flier	Vloer
Lampe ('lompe')	Lamp
Plant ('plont')	Plant
Stoel ('lange oe')	Stoel
Stuollen	Stoelen
Bank	Bank
Bad	Bad
Dûs	Douche
Spegel	Spiegel
Kast ('kost')	Kast
Bêd	Bed
Goatstien	Gootsteen
Muorre	Muur
Dak	Dak
Hurd	Haard
Skoarstien	Schoorsteen
Matte ('motte')	Mat
Gerdyn	Gordijn

Klok   Klok
Kompjûter   Computer
Ûne   Oven
Wenkeamer   Woonkamer
It húske/WC   WC
Telefyzje   Televisie

Kapper
Hierknipper

Kin ik hjir myn hier knippe litte?
Kan ik hier mijn haar laten knippen?

Helje mar fiif sintimeter fan myn hier ôf.
Haal maar vijf centimeter van mijn haar af.

Kin it hjir in bytsje koarter?
Kan het hier een beetje korter?

Hjir mei it wol langer bliuwe.
Hier mag het wel langer blijven.

Doch it mar in bytsje koarter
Doe het maar een beetje korter

Kin ik myn hier fervje litte?   **Blond/Brún graach.**
Kan ik mijn haar laten verven?   Blond/Bruin, alstublieft.

Kinstû myn burd (ek) skeare?
Kun jij mijn baard (ook) scheren?

Hoe folle kostet it?
Hoeveel kost het?

Hoe lang duorret it?
Hoelang duurt het?

(H)wat tinkstû dat it bêste by my past? ('post')
Wat denk jij dat het beste bij mij past?

Ik soe myn hier as him/har hawwe wolle (foto).
Ik zou mijn haar zoals hem/haar willen hebben (foto).

Kaam	Kam
Hier	Haar
Skjirre	Schaar
Burd	Baard
Spegel	Spiegel
Lang	Lang
Koart	Kort
Keal	Kaal

Kerk
Tsjerke

Is hjir in Ingelsk/Frysk sprekkende dûmny?
Is hier een Engels/Fries sprekende dominee?

Hoe let komt de dûmny?
Hoelaat komt de dominee?

Hoe let begjint de tsjinst?
Hoelaat begint de dienst?

Hoe folle minsken komme hjir hjoed?
Hoeveel mensen komen hier vandaag?

Hoe âld is dizze tsjerke?
Hoe oud is deze kerk?

Wêr moatte wy sitte?
Waar moeten wij zitten?

Moatte wy ek sinten jaan? ('matte')
Moeten wij ook geld geven?

Hoe lang duorret de tsjinst?
Hoelang duurt de dienst?

Wa binne dy minsken?
Wie zijn die mensen?

Kinstû de dûmny ferstean?
Kan jij de dominee verstaan?

Hastû de bibel lêzen?
Heb jij de bijbel gelezen?

Sille wy bidde?
Zullen wij bidden?

Tsjinst	Dienst
Dûmny	Dominee

Krús	Kruis
Bibel	Bijbel
Geast	Geest
Siel	Ziel
God	God
Leauwe	Geloven
Godtsjinst	Godsdienst
Kears	Kaars

Kleuren
Farwen/Kleuren

Ik wol in ljochtere kleur/farwe.
Ik wil een lichtere kleur.

Hawwe jim dizze ek yn it swart/wyt?
Hebben jullie deze ook in het zwart/wit?

Read/Griis stiet hjir better by. ('stjit')
Rood/Grijs staat hier beter bij.

Ik tink dat it giel/read is.
Ik denk dat het geel/rood is.

Hoe folle kleuren/farwen sjochstû?
Hoeveel kleuren zie jij?

Ik sjoch fiif kleuren/farwen.
Ik zie vijf kleuren.

Hokker kleur fynstû it kreast?
Welke kleur vind jij het mooist?

Ik fyn dizze kleur/farwe neat.
Ik vind deze kleur niks.

Hokker kleur/farwe sjochstû?
Welke kleur zie je??

Read	Rood
Oranje	Oranje
Wyt	Wyt
Blau	Blauw
Grien	Grien
Brún	Brún
Pears	Paars
Swart	Zwart
Griis	Grijs
Giel	Geel
Sulver	Zilver
Goud	Goud

Landen & Talen
Lannen & Talen

Bistû alris nei Dútslân/Yslân/Sjina west?
Ben jij al eens naar Duitsland/IJsland/China geweest?

Yn hoe folle lannen bistû west?
In hoeveel landen ben jij geweest?

Ik bin yn tsien/njoggentsjin/tritich lannen west. ('lonnen')
Ik ben in tien/negentien/dertich landen geweest.

(H)wat is de haadstêd fan Belgje/Ingelân/Nederlân?
Wat is de hoofdstad van België/Engeland/Nederland?

(H)wat fynstû it kreaste lân?
Wat vind jij het mooiste land?

Ik fyn Eastenryk/Frankryk/Itaalje it kreaste lân.
Ik vind Oostenrijk/Frankrijk/Italië het mooiste land.

Hoe grut is dat lân?
Hoe groot is dat land?

Hokker lân wolstû hinne?
Welk land wil jij heen?

Wêrom wolstû nei Ruslân/Fryslân/Amearika?
Waarom wil jij naar Rusland/Friesland/America?

Ik fyn it in nijsgjirrich lân.
Ik vind het een interessant land.

Ik fyn Dútsk/Ingelsk/Frysk in noflike taal.
Ik vind Duits/Engels/Fries een fijne taal.

Ik fyn Nederlânsk/Russysk/Gryksk in drege taal.
Ik vind Nederlands/Russisch/Grieks een moeilijke taal.

(H)wat fynstû de bêste taal?
Wat vind jij de beste taal?

Hokker taal wolstû leare?
Welke taal wil jij leren?

Ik lear Frânsk/Skotsk/Frysk.
Ik leer Frans/Scots/Fries.

Hokker talen sprekstû?
Welke talen spreek jij?

Ik sprek Frysk/Ingelsk/Dútsk/Nederlânsk.
Ik spreek Fries/Engels/Duits/Nederlands.

Fryslân	Friesland
Dútslân	Duitsland
Nederlân	Nederland
Ingelân	Engeland
Amearika	America
De Feriene Steaten	De Verenigde Staten
Eastenryk	Oostenrijk
Yslân	IJsland
Ruslân	Rusland
Belgje	België
Frankryk	Frankrijk
Itaalje	Italië
Noarwei/Noarwegen	Noorwegen
Sjina	China
Skotlân	Scotland
Grikelân	Griekenland
Grienlân	Groenland
Austraalje	Australië
Frysk	Fries

Dútsk	Duits
Nederlânsk	Nederlands
Hollânsk	Hollands
Noarsk	Noors
Ingelsk	Engels
Russysk	Russisch
Deensk	Deens
Gryksk	Grieks
Latynsk	Latijn
Spaansk	Spaans
Frânsk	Frans
Skotsk	Scots
Iersk	Iers
Italiaansk	Italiaans
Finsk	Fins

Lichaam
Liif/Bealch

Myn noas/gesicht/skonk/mûle jokket.
Mijn neus/gezicht/been/mond jeukt.

Ik haw in pûst op myn gesicht/noas/wang.
Ik heb een pukkel/puist op mijn gezicht/neus/wang.

Myn eagen binne blau/grien/brún.
Mijn ogen zijn blauw/groen/bruin.

Hy/Sy hat blauwe/griene/brune eagen.
Hij/Zij heeft blauwe/groene/bruine ogen.

Myn rêch/earm/skonk/earmtakke/búk docht sear.
Mijn rug/arm/been/elleboog/buik doet pijn.

Bistû tefreden mei dyn liif?
Ben jij tevreden met jouw lichaam?

Ik bin tefreden mei myn liif/hier/gesicht/noas.
Ik ben tevreden met mijn lichaam/haar/gezicht/neus.

Ik haw/Dû hast blond/brún/swart/read/griis/lang/koart hier.
Ik heb/Jij hebt blond/bruin/zwart/rood/grijs/lang/kort haar.

Dû hast in skjinne hûd.
Jij hebt een schone huid.

Ik haw myn earm/skonk/foet/skouder brutsen.
Ik heb mijn arm/been/voet/schouder gebroken.

Dyn tosken binne hiel wyt.
Jouw tanden zijn heel wit.

Hûd/Fel	Huid
Earm	Arm
Holle	Hoofd
Gesicht	Gezicht
Rêch	Rug
Hier	Haar
Noas	Neus
Mûle	Mond
Skonk	Been
Knibbel	Knie
Earmtakke	Elleboog

Nekke	Nek
Kiel	Keel
Ear	Oor
Each	Oog
Tûme/Tomme	Duim
Skouder	Schouder
Búk	Bik
Tean	Teen
Tosk	Tand
Tosken	Tanden
Eachbrau	Wenkbrauw
Finger	Vinger
Hân	Hand
Foet	Voet
Boarst	Borst
Burd	Baard
Wang	Wang
Earmsholte	Oksel
Bonke	Bot
Harsens/Brein	Hersens/Brein
Hert	Hart
Lever	Lever
Skronfel	Rimpel(s)
Pûst/Pûkel	Puist/Pukkel
Keal	Kaal
Ier	Ader

Maanden
Moannen

Yn Desimber fiere wy Kryst.
In December vieren wij kerst.

It is hjerst yn Oktober.
Het is herfst in Ocktober.

Jannewaris is it begjin fan it jier.
Januari is het begin van het jaar.

Myn jierdei is yn Maaie.
Mijn verjaardag is in Mei.

Hokker moanne bistû berne?
Welke maand ben jij geboren?

Ik bin berne yn Febrewaris.
Ik ben geboren in Februari.

It is kâld yn Novimber.
Het is koud in November.

Wy hawwe fakânsje yn Juny.
Wij hebben vakantie in Juni.

Jannewaris	Januari
Febrewaris	Februari
Maart	Maart
April	April

Maaie	Mei
Juny	Juni
July	Juli
Augustus	Augustus
Septimber	September
Oktober	October
Novimber	November
Desimber	December
Fearnsjier	Kwartaal
Kryst	Kerst
Jierdei	Verjaardag
Berne	Geboren
Jier	Jaar
Fakânsje	Vakantie

Nummers
Nûmers

(H)wat is it hûsnûmer?
Wat is het huisnummer?

It hûsnûmer is fjouwer.
Het huisnummer is vier.

Hoe folle dagen duorret it?
Hoeveel dagen duurt het?

It is nûmer seis.
Het is nummer zes.

Hoe folle kear hastû it besocht?
Hoeveel keer heb jij het geprobeerd?

Ik haw it sân kear besocht.
Ik heb het zeven keer geprobeerd.

It duorret fiif dagen.
Het duurt vijf dagen.

Hoe folle nachten wolstû bliuwe?
Hoeveel nachten wil jij blijven?

Ik wol trije nachten bliuwe.
Ik wil drie nachten blijven.

Hoe lang moat ik wachtsje?
Hoelang moet ik wachten?

Twa minuten/oeren/dagen.
Twee minuten/uren/dagen.

Ien	Één
Twa	Twee
Trije	Drie
Fjouwer	Vier
Fiif	Vijf
Seis	Zes
Sân	Zeven
Acht	Acht
Njoggen	Negen
Tsien	Tien
Âlve	Elf

Tolve	Twaalf
Trettjin	Dertien
Fjirtjin	Veertien
Fyftjin	Vijftien
Sechtjin	Zestien
Santjin	Zeventien
Achttjin	Achttien
Njoggentjin	Negentien
Tweintich	Twintig
Tritich	Dertig
Fjirtich	Veertig
Fyftich	Vijftig

Reizen
Reizgje

Ik wol nei Fryslân.
Ik wil naar Friesland toe.

Hoe lang sil de reis duorje?
Hoelang gaat de reis duren?

Is dit it doarp wêr wy wêze moatte?
Is dit het dorp waar wij moeten zijn?

Hoe komme wy dêr?
Hoe komen wij daar?

Hoe kom ik dêr?
Hoe kom ik daar?

Kinstû my sjen litte wêr wy del moatte?
Kun jij mij laten zien waar wij langs moeten?

Wêr is de stêd?
Waar is de stad?

Dizze wei?
Deze weg?

Hjir of dêr?
Hier of daar?

Wêr is it sintrum?
Waar is het centrum?

Lofts/Links en dan rjochts. ('don')
Links en dan rechts.

Rjochtsôf.
Rechtsaf.

Rjochttroch.
Rechtdoor.

It leit yn it noarden/suden.
Het ligt in het noorden/zuiden.

It doarp leit yn it easten.
Het dorp ligt in het oosten.

Is it fier?	**Hoe fier is it?**
Is het ver?	Hoe ver is het?

(H)wat is de namme fan de strjitte?
Wat is de naam van de straat?

Wêr is it hotel?   **It hotel is hûndert meter fierder.**
Waar is het hotel?   Het hotel is honderd meter verder.

De oare side fan de strjitte. ('fon')
De andere kant van de straat.

Wêr is it park?   **It park is dêr.**
Waar is het park?   Het park is daar.

Rinne wy goed?
Lopen wij goed?

Ik haw ien nedich dy't Frysk/Ingelsk sprekt.
Ik heb iemand nodig die Fries/Engels spreekt.

(H)wat is it adres?
Wat is het adres?

Hokker talen wurde hjir sprutsen? ('wurre')
Welke talen worden hier gesproken?

Wêr ferbliuwstû?
Waar verblijf jij?

Wêr wolstû ferbliuwe?
Waar wil jij verblijven?

Ik ferbliuw yn in wente/hotel/bêd & brochje.
Ik verblief in een woning/hotel/bed & breakfast.

Hoe is it waar dêr?
Hoe is het weer daar?

Hoe lang bliuwstû hjir?
Hoelang blijf jij hier?

Ik wol nei it strân.
Ik wil naar het strand.

Ik wol nei in lân mei in protte sinne.
Ik wil naar een land met veel zon.

(H)wat fynstû nijsgjirrich/noflik om te dwaan?
Wat vind jij interessant/fijn om te doen?

Wêr wolstû hinne reizgje?
Waar wil jij heen reizen?

Dizze strjitte is ferneamd.
Deze straat is beroemd.

Strjitte	Straat
Noard	Noord
East	Oost
Súd	Zuid
West	West
Rjochting	Richting
Fierder ('fjirder')	Verder
Reis	Reis
Lofts/Links	Links
Rjochts	Rechts
Fierker/Fiersjogger	Verrekijker

Sjippe   Zeep
Kuierskuon   Wandelschoenen
Reinklean   Regenkleren
Kamera   Camera
Earstehelpdoaze   Eerstehulpdoos
Sûvenir   Souvenir
Wurdboek   Woordenboek
Sinnebril   Zonnebrik
Horloazje   Horloge

Restaurant
Restaurant

Kinstû in goed restaurant oanrikkemandearje?
Kun jij een goed restaurant aanbevelen?

Hoe let is it restaurant iepen?
Hoelaat is het restaurant open?

(H)wat kinne wy hjir ite?
Wat kunnen wij hier eten?

Is it in djoer restaurant?
Is het een duur restaurant?

Is dizze tafel frij?
Is deze tafel vrij?

Meie wy in tafel by it finster?
Mogen wij een tafel bij het raam?

Meie wy in tafel foar fiif persoanen?
Mogen wij een tafel voor vijf personen?

Hoe let giet it restaurant ticht? ('gjit')
Hoe laat sluit het restaurant?

Mei ik in foarke/leppel/mês?
Mag ik een vork/lepel/mes?

Doch my de (menu opsje) mar.
Doe mij maar de (menu optie).

Mei ik de (menu opsje)?
Mag ik de (menu optie)?

It foargerjocht.
Het voorgerecht.

It haadgerjocht.
Het hoofdgerecht.

Lekker ite!
Eet smakelijk!

It neigerjocht.
Het nagerecht.

Mei ik in útsmiter mei tsiis?
Mag ik een uitsmijter met kaas?

Hawwe jim ek fegetaryske gerjochten?
Hebben jullie ook vegetarische gerechten?

Mei ik de rekken?
Mag ik de rekening?

Kinne wy de rekken diele?
Kunnen wij de rekening delen?

Kinne wy hjir alkohol krije?
Kunnen wij hier alcohol krijgen?

Wy moatte noch op ien persoan wachtsje.
Wij moeten nog op één persoon wachten.

Kinne wy de menukaart krije?
Kunnen wij de menukaart krijgen?

(H)wat is jim bêste pasta?
Wat is jullie beste pasta?

Ik bin allergysk foar nuten.
Ik ben allergisch voor noten.

Ik fyn de griente/pyk/saus lekker.
Ik vind de groente/kip/saus lekker.

Ik soe in lytse (opsje) haw wolle.
Ik zou een kleine (optie) willen hebben.

Soe ik eat bestelle kinne?
Zou ik iets kunnen bestellen?

Dat hie ik net frege.
Dit had ik niet gevraagd.

In bytsje mear.
Een beetje meer.

Jo hawwe in flater makke op de rekken.
U heeft een fout gemaakt op de rekening.

Ik tink dat de rekken net hielendal goed is. ('lange oe')
Ik denk dat de rekening niet helemaal goed is.

Wêr is dit bedrach foar?
Waar is dit bedrag voor?

Hat it goed smakke? ('lange oe')
Heeft het goed gesmaakt?

It iten wie hearlik!
Het eten was heerlijk!

Hâldt it wikseljild mar.
Hou het wisselgeld maar.

Servearster, kinstû hjir komme?
Serveerster, kun jij hier komen?

IIs	IJs
Bôle	Brood
Bûter	Boter
Moster	Mosterd
Oalje	Olie
Sâlt	Zout
Sûker	Suiker
Saus	Saus

Jitteke	Azijn
Foarke	Vork
Leppel	Leppel
Mês	Mes
Griente	Groente
Fleis	Vlees
Aai	Ei
Sop	Soep
Fisk	Vis
Rys	Rijst
Pyk	Kip
Ierpel/Rjappel	Aardappel
Tomaat	Tomaat
Suvel	Zuivel
Piper	Peper
Fegetarysk	Vegetarisch
Feganist	Vegan
Oliif	Olijf
Sipel	Ui
Bier	Bier
Wyn	Wijn
Wetter	Water
Board/Panne	Bord
Krûden	Kruiden
Kowefleis	Biefstuk
Keek	Cake

Seizoenen & weer
Jiertiden & waar

Ik tink dat it dizze simmer hiel hyt wurdt.
Ik denk dat het deze zomer heel heet wordt.

Ik sjoch út nei de simmer.
Ik kijk uit naar de zomer.

Wy sille yn de hjerst op fakânsje.
Wij zullen in de herfst op vakantie.

Ik haw nocht oan de maitiid.
Ik kijk uit naar de lente.

Soene wy dizze winter snie krije?
Zouden wij deze winter sneeuw krijgen?

It is waarm/kâld.
Het is warm/koud.

It waar is goed/min.
Het weer is goed/slecht.

Der komt in stoarm oan.
Er komt een storm aan.

De loft is hielendal griis/blau. ('hielendol')
De lucht is helemaal grijs/blauw.

De sinne komt efter de wolken wei.
De zon komt achter de wolken vandaan.

It is in hite dei.
Het is een hete dag.

Moarn sil it reine.
Morgen zal het regenen.

It sil fannacht frieze./ Der komt froast fannacht.
Het gaat vannacht friezen.

Der is in hagelstoarm ûnderweis.
Er is een hagelstorm onderweg.

De sinne skynt hjoed.
De zon schijnt vandaag.

Sinne	Zon
Rein	Regen
Hyt	Heet
Stoarm	Storm
Loft	Lucht
Waar	Weer
Snie	Sneeuw
Maitiid	Lente
Hjerst	Herfst
Simmer	Zomer
Winter	Winter
Kâld	Koud
Waarm	Warm

Sporten
Sporten

Hjoed is it in noflike/kreaze dei om te fiskjen.
Vandaag is het een mooie dag om te vissen.

Wy kinne hjoed wol tennisje/golvje/fuotbalje.
Wij kunnen vandaag wel tennissen/golven/voetballen.

Wy geane winne/ferlieze.
Wij gaan winnen/verliezen.

Sille wy begjinne?
Zullen wij beginnen?

(H)wat is de skoare?
Wat is de score?

Wa hâldt de skoare by?
Wie houdt de score bij?

Hy/Sy is goed yn tennisje/golvje/fuotbalje.
Hij/Zij is goed in tennissen/golven/voetbal.

Sy kin hiel goed swimme/tennisje/golvje/hockeye.
Zij kan heel goed zwemmen/tennissen/golven/hockeyen.

Hastû in balle? ('bolle')
Heb jij een bal?

Ik haw nocht oan swimme/hockeye/fiskje.
Ik heb zin aan zwemmen/hockeyen/vissen.

Wa docht mei?
Wie doet mee?

Ik doch net mear mei.
Ik doe niet meer mee.

Wa mei no?
Wie mag nu?

Fuotbalje	Voetballen
Swimme	Zwemmen
Tennisje	Tennissen
Hynderride	Paardrijden
Golvje	Golven
Hockeye	Hockeyen
Fiskje	Vissen
Skoare	Score
Badminton	Badminton
Fytse	Fietsen
Bokse	Boxen
Judo	Judo
Surfe/Planksile	Surven
Skûtsjesile	Skûtsjesile (Friese naam)
Fierljeppe	Fierljeppe (Friese naam)
Reedride	Schaatsen
Keatse	Handbal
Snorkeljen	Snorkelen
Follybal	Volleybal
Skye	Skiën

Tandarts
Toskedokter

Ik haw in gatsje. ('gotsje')
Ik heb een gaatje.

Ik haw pinemûle.
Ik heb pijn in mijn mond.

Myn tosk is ôfbrutsen.
Mijn tand is afgebroken.

Moat dizze tosk derút?
Moet deze tand eruit?

Dizze tusk docht sear.
Deze tand doet pijn.

Is hy/sy in goeie toskedokter?
Is hij/zij een goede tandarts?

Hoe folle kostet dizze hanneling? ('honneling')
Hoeveel kost deze behandeling?

Wêr moat ik wachtsje? ('watsje')
Waar moet ik wachten?

Moat ik yn de wachtkeamer wachtsje? ('watsje')
Moet ik in de wachtkamer wachten?

Haw ik ferdôving nedich?
Heb ik verdoving nodig?

Haw ik in bûgel nedich?
Heb ik een beugel nodig?

Gatsje ('gotsje')	Gaatje
Ferdôving	Verdoving
Behanneling ('behonneling')	Behandeling
Bûgel	Beugel
Wachtkeamer	Wachtkamer
Tosk	Tand
Tosken	Tanden
Mûle	Mond
Pine	Pijn

Taxi
Taksy

Kinstû in taksy foar my skilje/belje?
Kun jij een taxi voor me bellen?

Hoe folle moat ik betelje?
Hoeveel moet ik betalen?

Ik moat nei dizze strjitte.
Ik moet naar deze straat.

Kinstû my nei it fleanfjild bringe?
kun jij mij naar het vliegveld brengen?

(H)wat kostet in rit nei Ljouwert?
Wat kost een rit naar leeuwarden?

Dû kinst hjir wol stopje.
Jij kunt hier wel stoppen.

Kinstû ús sa ek wer ophelje?
Kun jij ons zo ook weer ophalen?

Kinstû ús om (tiid) ophelje?
Kun jij ons om (tijd) ophalen?

Telefoon
Tillefoan

Goeie dei, jo sprekke mei (dyn namme).
Goedendag, u spreekt met (jouw naam) (formeel).

A goeie, mei (dyn namme) .
Hallo, met (jouw naam) (informeel).

Is (namme) der ek?
Is (naam) ook aanwezig?

Is (namme) ek beskikber?
Is (naam) ook beschikbaar?

Mei ik mei (namme) prate?
Mag ik met (naam) spreken?

Mei ik jo eat freegje?
Mag ik u iets vragen?

Nee, hy is aanst wer werom.
Nee, hij is straks weer terug.

Ja, ik sil de tillefoan oan him/har jaan.
Ja, ik zal de telefoon aan hem/haar geven.

Ferstiestû my?
Versta je mij?

Kinstû my hearre?
Kun jij mij horen?

Ja, ik hear dy.   **Nee, ik hear dy net.**
Ja, ik hoor jou.   No, Ik hoor je niet.

Ja, ik ferstean dy.   **Nee, ik ferstean dy net.**
Ja, ik versta je.   Nee, ik versta je niet.

Kinstû in bytsje lûder prate?
Kun jij een beetje luider spreken?

Kinne jo in bytsje lûder prate?
Kunt u een beetje luider spreken?

Kin ik in ôfspraak meitsje?
Kan ik een afspraak maken?

Trein
Trein

Wêr kinne wy in kaartsje keapje?
Waar kunnen wij een kaartje kopen?

Hoe folle kostet ien kaartsje?
Hoeveel kost één kaartje?

Hoe folle kostet ien kaartsje nei Ljouwert?
Hoeveel kost één kaartje naar Leeuwarden?

Wêr is it stasjon?
Waar is het station?

Hokker trein moatte wy hawwe? ('treen')
Welke trein moeten we nemen?

Wêr is myn trein? ('treen')
Waar is mijn trein?

Hoe let giet myn trein? ('treen')
Hoelaat gaat mijn trein?

Mei ik hjir smoke/rikje?
Mag ik hier roken?

Hoe let komt myn trein oan? ('treen')
Hoe laat komt mijn trein aan?

Mei ik hjir sitte?
Mag ik hier zitten?

Soestû efkes stil wêze kinne?
Zou jij even stil willen zijn?

Avensearje/Sjit op!
Schiet op!

Ús trein komt deroan. ('treen')
Onze trein komt eraan.

By hokker spoar komt ús trein? ('treen')
Bij welk spoor komt onze trein?

Uiterlijk
Ferskining/Úterlik

Ik fyn him/har kreas/ûnsjoch.
Ik vind hem/haar knap/lelijk

Syn/Har hier is moai.
Zijn/Haar haar is mooi.

Dû sjochst der goed út.
Jij ziet er goed uit.

Hy/Sy is in grut/lyts persoan.
Hij/Zij is een groot/klein persoon.

Hokker kleur/farwe fynstû it kreast?
Welke kleur vind jij het mooiste?

Brûkstû make-up?
Gebruik jij make-up?

(H)wat fynstû oantreklik?
Wat vind jij aantrekkelijk?

Fynstû dysels tsjok/kreas/tin?
Vind jij jezelf dik/knap/dun?

Hoe lang bistû? **Hoe swier bistû?**
Hoe lang ben jij? Hoe zwaar ben jij?

Ik bin ien meter njoggentich.
Ik ben één meter negentig.

Ik bin santich/njoggentich kilo.
Ik ben zeventig/negentig kilo.

Hy/Sy hat in protte spieren/fet.
Hij/Zij heeft veel spieren/vet.

Tsjok/Fet	Dik/Vet
Meager	Mager
Kreas	Pretty
Tin	Dun
Ûnsjoch/Lilk	Lelijk
Swier	Zwaar
Licht	Licht
Grut	Groot/Lang
Lyts	Klein
Oerwicht	Overgewicht

Verkeer
Ferkear

Hoe hurd meist hjir ride?
Hoe hard mag je hier rijden?

Moatte wy oer de brêge hinne?
Moeten wij over de brug heen?

Wêr kinne wy parkearre?
Waar kunnen wij parkeren?

Der rinne minsken oer it sebrapaad
Er lopen mensen over het zebrapad.

Hastû in benzinestasjon sjoen?
Heb jij een bezinestation gezien?

Hoe komme wy by de autodyk?
Hoe komen wij bij de snelweg?

Kinstû it ferkearsboard lêze?
Kun jij het verkeersbord lezen?

Sebrapaad   Zebrapad
Brêge   Brug
Parkeargaraazje   Parkeergarage
Parkearplak   Parkeerplaats
Ferkearsboerd   Verkeersbord
Fuotpaad   Stoep/Voetpad

Fytspaad	Fietspad
Wei	Weg
Autodyk	Snelweg
Bezinestasjon	Benzinestation
Fyts	Fiets
Boat	Boot
Skip	Schip
Auto/Wein/Lúksewein	Auto
Bus	Bus
Fearboat	Veerboot
Helikopter	Helicopter
Frachtwein	Vrachtwagen
Taksy	Taxi

Vliegtuig
Fleanmasine/Fleantúch

Hoe let moatte wy fleane?
Hoelaat moeten wij vliegen?

(H)wat is ús gate nûmer?
Wat is ons gate nummer?

Wêr is de gate?
Waar is de gate?

Hoe folle tiid hawwe wy oer?
Hoeveel tijd hebben wij over?

Hokker fleantúch moatte wy hawwe?
Welk vliegtuig moeten wij hebben?

Is de piloat der al?
Is de piloot er al?

(H)wannear geane wy de loft yn?
Wannear gaan we de lucht in?

Hokker stoelnûmer hastû?
Welk stoelnummer heb jij?

Sitstû foar of efteryn yn it fleantúch?
Zit jij voor of achterin in het vliegtuig?

Wêr moatte wy ús bagaazje tsjekke litte?
Waar moeten wij ons bagage laten checken?

Gean rjochttroch en dan rjochtsôf.
Ga rechtdoor en dan rechtsaf.

Hoe swier is dyn rêchsek?
Hoe zwaar je jouw rugzak?

Ik lit myn bagaazje hjir.
Ik laat mijn bagage hier.

Foarsichtich wêze mei dizze koffer.
Voorzichtig zijn met deze koffer.

Hastû myn bagaazje sjoen?
Heb jij mijn bagage gezien?

Vloeken
Flokke

Jou dy del!   (letterlijk: geef je neer)
Hou je bek!

Dû moatst dyn bek hâlde.
Jij moet je bek houden.

Pak op!
Rot op!

Dû domme okse.
Jij domme os.

Domme sipel.
Letterlijk: domme ui.

Dû stjonkst!
Jij stinkt!

Idioat.
Idioot.

Kloatsek!
Klootzak!

Domme baarch.
Dom varken.

Smoarge baarch.
Smerig varken.

Blikstiender.
Verdomme/Wauw. (Kan negatief en positief gebruikt worden)

Stjonkholle!
Stinkhoofd!

Dû hast in grutte holle.
Jij hebt een groot hoofd.

Mislik rotbern.
Misselijk rotkind.

Sûch.
Zeug.

Dû dogest net.
Jij deugt niet.

Opsokkebolje.
Oprotten.

Omkoal.
Sukkel.

Harre jasses.
Jesus Christus.

Minne hûn.
Stomme hond.

Blinder.
Verdomme.

Bolle-jarre (Niet veel gebruikt)
Bullshit.

Winkelen
Winkelje

Ik wol hjoed winkelje.
Ik wil vandaag winkelen.

Ik moat (noch) boadskippen dwaan.
Ik moet (nog) boodschappen doen.

Wêr wolstû winkelje?
Waar wil jij winkelen?

Nei hokker winkel wolstû?
Naar welke winkel wil jij?

Wêr is hjir de winkelstrjitte?
Waar is hier de winkelstraat?

Hoe folle kostet dit shirt?
Hoeveel kost dit shirt?

Hoe djoer binne dizze skuon?
Hoe duur zijn deze schoenen?

Hawwe jim it yn myn mjitte?
Hebben jullie het in mijn maat?

Hokker supermerke is better?
Welke supermarkt is beter?

De priis is njoggentjin euro.
De prijs is negentien euro.

Ik fyn dizze broek (net) djoer.
Ik vind deze broek (niet) duur.

Mei ik dizze passe? ('posse')
Mag ik deze passen?

Ik fyn dizze neat.
Ik vind deze niks.

Ik haw leaver dizze.
Ik heb liever deze.

Dêr is it goedkeaper.
Daar is het goedkoper.

Ik wol dizze keapje.
Ik wil deze kopen.

Ik fyn dizze kreazer as de oare.
Ik vind deze mooier dan de andere.

Dizze stiet my net/wol.
Deze past mij niet/wel.

Stiet dizze me? ('stjit')
Staat deze mij?

(H)wat fynstû hjirfan?
Wat vind jij hiervan?

Wêr kin ik de bakker fine?
Waar kan ik de bakker vinden?

Wêr kin ik in kleanwinkel fine?
Waar kan ik een kledingwinkel vinden?

De supermerke is hjir yn it sintrum.
De supermarkt is hier in het centrum.

Rjocht foar dy is in apteek.
Recht voor jou is een apotheek.

Yn it sintrum fan it doarp is in merke. ('fon')
In het centrum van het dorp is een markt.

Hastû in tillefoanwinkel sjoen?
Heb jij een telefoonwinkel gezien?

Ik sykje nei in boekwinkel.
Ik zoek naar een boekwinkel.

Klaaiïng	Kleding
Klean	Kleren
Shirt	Shirt
Trui ('treu')	Sweater/Jumper
Moffen/Hanskuon	Handschoenen
Jas ('jos')	Jas
Jek	Jack
Ûnderguod	Ondergoed
Ûnderbroek	Onderbroek
Sokken	Sokken
Mûlekapke	Mondkapje
Mûtse	Muts
Swimbroek	Zwembroek
Blûske	Blouse
Skoech	Schoen
Skuon	Schoenen
Supermerke	Supermarkt
Sintrum	Centrum
Apteek	Apotheek
Merke	Markt
Keapje	Kopen
Ferkeapje	Verkopen
Skuonwinkel	Schoenwinkel
Elektroanikasaak	Electronicawinkel

Help ons jouw gedachten te delen!

Beste lezer,

Bedankt dat je ervoor hebt gekozen om ons boek te lezen. We hopen dat je genoten hebt van de reis door de pagina's en dat het een positieve impact heeft gehad op je leven. Als onafhankelijke auteurs zijn reviews van lezers zoals jij ontzettend waardevol om een breder publiek te bereiken en ons vakmanschap te verbeteren.

Als je ons boek leuk vond, vragen we je vriendelijk om een moment van je tijd te nemen om een eerlijke review achter te laten. Jouw feedback kan een wereld van verschil maken door potentiële lezers inzicht te geven in de inhoud van het boek en jouw persoonlijke ervaring.

Je review hoeft niet lang of ingewikkeld te zijn - slechts een paar regels waarin je jouw oprechte gedachten uitdrukt, zouden enorm gewaardeerd worden. We waarderen je feedback en nemen het ter harte, om zo onze toekomstige werken vorm te geven en meer inhoud te creëren die resoneert met lezers zoals jij.

Door een review achter te laten, ondersteun je niet alleen ons als auteurs, maar help je ook andere lezers om dit boek te ontdekken. Jouw stem telt, en jouw woorden hebben de kracht om anderen te inspireren om aan deze literaire reis te beginnen.

We waarderen oprecht je tijd en bereidheid om je gedachten te delen. Bedankt dat je een essentieel onderdeel bent van onze auteursreis.

www.ingramcontent.com/pod-product-compliance
Lightning Source LLC
LaVergne TN
LVHW010553070526
838199LV00063BA/4960